FEU

ET

FLAMME.

FEU ET FLAMME

CELESTIN NANTEUIL
1833

FEU

&

FLAMME,

Par Philothée O'NEDDY.

(Théophile Dondey)

PARIS.

A LA LIBRAIRIE ORIENTALE DE DONDEY-DUPRÉ,

RUE RICHELIEU, Nº 47 *bis*, MAISON DU NOTAIRE.

1833.

❀

PARIS. — IMPRIMERIE DE PROSPER DONDEY-DUPRÉ ,

SUCCESSEUR DE SON PÈRE ,

Rue Saint-Louis, N° 46, au Marais.

❀

AVANT-PROPOS.

AVANT-PROPOS.

Un auteur, front levé, dans sa fière préface,
Au public qu'il insulte a beau s'écrier : Place!...

Assez long-tems, immobile et les bras croisés
sur le seuil de ma case de paria, j'ai contemplé,
dans une oisive admiration, les adolescentes murailles de la Babel artistique et morale que l'élite

des intelligences de notre âge a entrepris d'é-
difier.

Devenue, à cette heure, plus profonde, plus
impérieuse, plus exaltée, ma sympathie m'ordonne de mêler un peu d'action à cette contemplation, d'aller me confondre dans la foule des
travailleurs.

Donc, me voici : j'apporte aux gigantesques
dalles une chétive poignée de ciment.

Ouvriers musculeux et forts, gardez-vous de
repousser ma faible coopération ; jamais vous n'au-
rez assez de bras pour l'érection d'une si grande
œuvre ! Et peut-être ne suis-je pas tout-à-fait
indigne d'être nommé votre frère. — Comme
vous, je méprise de toute la hauteur de mon
ame l'ordre social et surtout l'ordre politique qui
en est l'excrément ; — comme vous, je me mo-

que des anciennistes et de l'académie ; — comme vous, je me pose incrédule et froid devant la magniloquence et les oripeaux des religions de la terre ; — comme vous, je n'ai de pieux élancemens que vers la Poésie, cette sœur jumelle de Dieu, qui départ au monde physique la lumière, l'harmonie et les parfums ; au monde moral, l'amour, l'intelligence et la volonté !

Certes, quoique naissante, elle est déjà bien miraculeuse et bien grandiose, cette Babel ! Sa ceinture de murailles enserre déjà des myriades de stades. La sublimité de ses tours crève déjà les nues les plus lointaines. A elle seule, elle a déjà plus d'arabesques et de statues que toutes les cathédrales du moyen âge ensemble. La Poésie possède enfin une cité, un royaume où elle peut déployer à l'aise ses deux natures : — sa nature humaine qui est *l'art*, — sa nature divine qui est la *passion*.

Sans doute, il vous souvient du mirifique aplomb avec lequel, aussitôt après la chute du dernier roi de France, certains journaux prophétisèrent que c'en était fait de la jeune littérature, qu'elle entrait au cercueil en même temps que la vieille légitimité. — La jeune littérature a si peu été en danger de mort, elle a si bien développé son principe vital, que non-seulement elle est parvenue à décupler ses propres forces, à parachever sa révolution, mais qu'elle a su être encore assez riche, assez puissante pour préluder glorieusement à une croisade métaphysique contre la *société*. Oui, maintenant qu'elle a complété toutes ses belles réformes dans le costume de *l'art*, elle se voue exclusivement à

la ruine de ce qu'elle appelle le *mensonge social* ;
— comme la philosophie du dix-huitième siècle
se vouait à la destruction de ce qu'elle appelait le
mensonge chrétien.

Chaque jour, nombre de jeunes gens à con-
victions patriotiques viennent à s'apercevoir que,
si l'œuvre politique a une nature de Caliban, il
faut directement s'en prendre à l'œuvre sociale,
sa mère ; — alors, ils mettent bas le fanatisme
républicain , et accourent s'enrôler dans les pha-
langes de notre Babel.

Ce qui est incroyable, c'est que les fortes têtes
des salons de finance, les sublimes capacités qui
se moquent de la chevalerie et qui adorent la
garde nationale, s'obstinent à nier même l'exis-
tence de cette grande fermentation intellectuelle.
Parce que la vie extérieure, la vie matérielle et

positive se trouve , grâce à notre civilisation ma-
thématiquement ladre , à peu près réduite à l'état
de pétrification , — ils comptent sur une éternité
de calme plat ; — ils ne voient pas qu'en revanche
la vie intérieure , la vie romanesque et métaphysique est aussi turbulente, aussi aventureuse ,
aussi libre que les tribus arabes dans leurs solitudes.

Qu'ils se souviennent donc que , la veille même
de la fameuse éruption du Vésuve qui enterra
toutes vives deux cités, Herculanum et Pompéi,
d'ignorans naturalistes , étant à se promener
non loin des bords du cratère, se demandaient
l'un à l'autre s'il était bien réel que les entrailles
de la montagne renfermassent un volcan !....

Je me hâte , avant de clore cette vile prose ,
d'affirmer aux honnêtes gens qui voudront bien

laisser leur couteau d'ivoire dévirginer les feuilles de mon livre , que je n'ai pas le moins du monde la vanité de croire les poésies subséquentes , à la hauteur des solennelles préocupations effleurées dans ces lignes préliminaires.

Ce volume n'a pas d'autre prétention que celle d'être le faisceau de mes meilleures ébauches d'écolier ; lesquelles consistent simplement en rêveries passionnées et en études artistiques.

Il est bien vrai cependant qu'on y trouve çà et là quelques fortes empreintes de lycantropie, quelques anathèmes contre les lèpres sociales : mais on aurait tort de prendre au pied de la lettre ces manifestations, qui ne sont, pour la plupart, que des boutades fougueuses. — On aurait tort de les regarder comme l'expression absolue de mes véritables sentimens. S'il m'est donné de publier un second ouvrage , il sera plus logique, plus en rapport avec ma nature de penseur ; j'y dirai mon dernier mot ; — alors, on pourra me juger.

Que si les brocanteurs de civilisation daignaient me dire en colère qu'il n'est permis à personne de se mettre en dehors de la *société*, j'aurais l'irrévérence de leur faire observer que deux classes d'hommes possèdent ce droit d'une manière imprescriptible : — ceux qui valent mieux que la *société*, — et ceux qui valent moins. — Je me range dans l'une de ces deux catégories.

10 Août 1833.

Nuits.

NUIT PREMIÈRE.

NUIT PREMIÈRE.

Pandaemonium.

> Société, vieux et sombre édifice,
> Ta chute, hélas ! menace nos abris :
> Tu vas crouler : point de flambeau qui puisse
> Guider la foule à travers tes débris !
>
> BÉRANGER.

> Bohémiens, sans toits, sans bancs,
> Sans existence engainée,
> Menant vie abandonnée,
> Ainsi que des moineaux francs
> Au chef d'une cheminée !
>
> PETRUS BOREL.

I.

Pour un peintre moderne, à cette heure de lune,

Ce serait, sur mon ame, une bonne fortune

De pouvoir contempler avec recueillement

La scène radieuse au sombre encadrement,

Que le jeune atelier de Jehan, le statuaire,
Cache dans son magique et profond sanctuaire !

Au centre de la salle, autour d'une urne en fer,
Digne émule en largeur des coupes de l'enfer,
Dans laquelle un beau punch, aux prismatiques flammes,
Semble un lac sulfureux qui fait houler ses lames,
Vingt jeunes hommes, tous artistes dans le cœur,
La pipe ou le cigare aux lèvres, l'œil moqueur,
Le temporal orné du bonnet de Phrygie,
En barbe jeune-France, en costume d'orgie,
Sont pachalesquement jetés sur un amas
De coussins dont maint siècle a troué le damas.

Et le sombre atelier n'a pour tout éclairage
Que la gerbe du punch, spiritueux mirage.

Quel pur ossianisme en ce couronnement
De têtes à front mat, dont le balancement

Nage au sein des flocons de vapeur musulmane

Qui des vingt calumets, comme un déluge, émane!

Quelle étrange féerie en la profusion

Des diverses couleurs que l'ondulation

Des flammes fait jouer parmi ces chevelures,

Sur ces traits musculeux, ces mâles encolures!

A travers les anneaux du groupe des viveurs,

Glissent quelques rayons vagues, douteux, rêveurs,

Qui s'en vont détacher des ombres fantastiques

Le spectre vacillant des objets artistiques,

Pêle-mêle en saillie à la paroi des murs.

Le plafond laisse voir, dans ses angles obscurs,

De poudreux mannequins, de jaunâtres squelettes,

De gothiques cimiers; sur deux rangs de tablettes,

Serpente un clair-semé de bosses, d'oripeaux,

De papel espagnol, de médailles, de pots.

Aux bras d'un échafaud de bizarre structure,

Surgit pompeusement une œuvre de sculpture.

C'est un sujet biblique et tout oriental :

L'Esprit de la lumière, ange monumental,

Pousse d'un pied vainqueur, dans les limbes funèbres,

L'Esprit fallacieux qui préside aux ténèbres.

Si le tissu moiré du nuage odorant

Que la fumée élève était plus transparent,

Vous pourriez avec moi de ces pâles figures

Explorer à loisir les généreux augures.

Le développement capace de ces fronts,

Les rudes cavités de ces yeux de démons,

Ces lèvres où l'orgueil frémit, ces épidermes

Qu'un sang de lion revêt de tons riches et fermes,

Tout chez eux puissamment concourt à proclamer

Qu'ils portent dans leurs seins des cœurs prompts à s'armer

De haine virulente et de pitié morose,

Contre la bourgeoisie et le Code et la prose ;

Des cœurs ne dépensant leur exaltation

Que pour deux vérités : l'art et la passion !.....

II.

Quand on vit que du punch s'éteignait le phosphore,

Mainte coupe d'argent, maint verre, mainte amphore,

Ainsi qu'une flotille, au sein du bol profond,

Par un faisceau de bras furent coulés à fond.

Rivaux des Templiers du siècle des croisades,

Nos convives joyeux burent force rasades.

Chaque cerveau s'emplit de tumulte, et les voix

Prirent superbement la parole à-la-fois.

Alors un tourbillon d'incohérentes phrases,

De chaleureux devis, de tudesques emphases,

Se déroula, hurla, bondit au gré du rum,

Comme une rauque émeute à travers un forum.

Vrai Dieu! quels insensés dialogues! — L'analyse

Devant tout ce chaos moral se scandalise. —

Comment vous révéler ce vaste encombrement

De pensers ennemis; ce chaud bouillonnement
De fange et d'or?... Comment douer d'une formule
Ces conversations d'enfer où s'accumule
Plus de charivari, de tempête et d'arroi
Que dans la conscience et les songes d'un roi?...

Tenez, pour vous traduire en langue symbolique,
La monstruosité de ce métaphysique
Désordre, je vous vais susciter le tableau
D'un choc matériel, d'un physique fléau.

Représentez-vous donc une ville espagnole
Qu'un tremblement de terre épouvante et désole.
— Les balcons, les boudoirs des palais disloqués
S'en vont avec fracas tomber entrechoqués,
Avec tous leurs parfums, toutes leurs armoiries,
Dans les hideux égouts, les infectes voiries.
Des monumens chrétiens les dômes surdorés,
Leurs flèches de granit, leurs vitraux diaprés,

S'en vont rouler parmi les immondes masures

Du noir quartier des juifs, sale tripot d'usures.

Une procession de chastes capucins

Veut sortir pour combattre avec des hymnes saints

La rage du fléau : le fléau sarcastique

Vous l'enlève et la pousse en un lieu peu mystique,

Où des filles de joie et d'ignobles truands

Festinent, de débauche et d'ivresse béants.

D'abomination, d'horreur tout s'enveloppe :

En un mot, l'on dirait un kaléidoscope

Immense, monstrueux, que l'Exterminateur

Fait tourner dans ses mains de mystificateur.

Eh bien, dans leurs discours c'était même anarchie !

— Les plus divins élans de morale énergie,

Les extases de gloire et d'immortalité,

Les vœux pour la patrie et pour la liberté,

Se noyaient, s'abîmaient dans le rire et le spasme

D'un scepticisme nu, tout lépré de sarcasme.

De beaux rêves d'amour qu'eût enviés Platon,

Trempaient leurs ailes d'ange au sordide limon

D'un cynisme plus laid, plus vil en ses huées

Qu'un hôpital de fous et de prostituées !

Coq-à-l'âne, rébus, sornettes, calembourgs,

Comme une mascarade échappée aux faubourgs,

Se ruaient à travers les plus graves colloques,

Et vous les flagellaient de plates équivoques !

Enfin, c'était du siècle un fidèle reflet,

Un pandæmonium bien riche et bien complet !.....

Pas n'est besoin, je crois, de dire que l'idée

De la femme planait, reine dévergondée,

Sur les mille fureurs de cet embrasement ;

Qu'elle était en un mot son premier élément !

— Et cela n'avait rien d'insolite. — La femme,

De tout ce qui se meut de sublime et d'infame,

Dans les obscurités sans fond du cœur humain,

N'est-elle pas toujours corollaire germain,

Satellite flagrant, jaloux?... n'est-ce pas elle

Qui, des yeux du dragon subissant l'étincelle,

Osa dévirginer, dans un transport fatal,

L'arbre de la science et du bien et du mal?...

Le creuset corrupteur où nos vices empirent,

C'est la femme!... l'étoile où nos vertus aspirent,

C'est elle également! — De la création

La femme est à-la-fois l'opale et le haillon!

III.

L'un des vingt, redressant sa tête qui fermente,

Pour lutter de vacarme avec cette tourmente,

D'une voix qui vibrait comme un grave kinnor,

Se mit à réciter des strophes de Victor.

Bientôt l'on écouta. — C'était une série

De fragmens détachés sur la chevalerie.

— Les sorcières dansaient en rond : — les damoisels

Couraient bride abattue aux nobles carrousels :

— Les couvens, les manoirs, les forts, les cathédrales,

Déployaient à l'envi leurs pompes sculpturales : —

La muse sur la scène amenait tour-à-tour

Des manteaux, des poignards, du sang... et de l'amour.

Et tous, énamourés de cette poésie

Qui pleuvait sur leurs sens en larmes d'ambroisie,

Se livraient de plein cœur à l'oscillation

D'une vertigineuse hallucination.

Il y avait dans l'air comme une odeur magique

De moyen-âge, — arôme ardent et névralgique,

Qui se collait à l'ame, imprégnait le cerveau,

Et faisait serpenter des frissons sur la peau.

Les reliques d'armure aux murailles pendues

Stridaient d'une façon bizarre ; — les statues

Tressaillaient sourdement sur leurs socles de bois,

Prises qu'elles étaient de glorieux émois,

En se sentant frôler par les ailes sonores

Des strophes de métal, lyriques météores :

— Comme sous les genêts d'un beau mail espagnol,

Parmi les promeneurs épandus sur le sol,

Les jeunes cavaliers tressaillent quand la soie

Des manches de leur dame en passant les coudoie.

— Oh! les anciens jours! dit Reblo : les anciens jours!

Oh! comme je leur suis vendu! comme toujours

Leur puissante beauté m'ensorcèle et m'énivre!

Camarades, c'était là qu'il faisait bon vivre

Lorsqu'on avait des flots de lave dans le sang,

Du vampirisme à l'œil, des volontés au flanc!

Dans les robustes mœurs de l'ère féodale,

— Véritable forêt vierge — dans ce dédale

De superstitions, d'originalités,

Tout homme à cœur de bronze, à rêves exaltés,

N'avait pas un seul jour à craindre l'atonie

D'une vie encastrée avec monotonie :

Les drames s'en venaient d'eux-mêmes le chercher ;

Mainte grande aventure accourait s'ébaucher

Sous sa fougue d'artiste : — Avoir des aventures ! —

Oh ! c'est le paradis pour les fortes natures !...

Le fraternel cénacle ému jusques au fond

De ses os, écoutait dans un calme profond.

Les poitrines, d'extase et d'orgueil oppressées,

N'exhalaient aucun souffle, — et toutes les pensées

Montaient faire cortége à l'élan de Reblo,

Comme des bandouliers qui suivent un fallot.

IV.

Après quelque silence, un visage moresque

Leva tragiquement sa pâleur pittoresque,

Et, faisant osciller son regard de maudit

Sur le conventicule, avec douleur il dit :

— Certe, il faut avouer que notre fanatisme

De camaraderie est un anachronisme

Bien stérile et bien nul ! — Ce n'est plus qu'au désert

Qu'on peut en liberté rugir. — A quoi nous sert,

Dans une époque aussi banale que la nôtre,

D'être prêts à jouer nos têtes l'un pour l'autre? —

Si, me jugeant très-digne au fond de ma fierté

De marcher en dehors de la société,

Je plonge sans combat ma dague vengeresse

Au cou de l'insulteur de ma dame et maîtresse,

Les sots, les vertueux, les niais m'appelleront

Chacal..... Tout d'une voix ils me décerneront

Les honneurs de la Grève ; et, si les camarades

Veulent pour mon salut faire des algarades,

Bourgeois, sergens de ville et valets de bourreau,

Avec moi les cloûront au banc du tombereau. —

Malice de l'enfer!... A nous la guillotine !

A nous qu'aux œuvres d'art notre sang prédestine !

A nous qui n'adorons rien que la trinité

De l'amour, de la gloire et de la liberté !...

Ciel et terre !... est-ce que les ames de poète

N'auront pas quelque jour leur revanche complète?

— Long-tems à deux genoux le populaire effroi

A dit : laissons passer la justice du roi. —

Ensuite on a crié, l'on crie encore : Place !

La justice du peuple et de la raison passe.

— Est-ce qu'épris enfin d'un plus sublime amour,

L'homme régénéré ne crîra pas un jour :

Devant l'Art-Dieu que tout pouvoir s'anéantisse.

Le poète s'en vient ; place pour sa justice ? —

— J'acclame volontiers à ton deuil solennel,

Dit au pérorateur l'architecte Noël.

Mais tout n'est pas servage en la sphère artistique :

Si nous ne possédons nulle force physique

Pour chasser de sa tour et mettre en désarroi

Le géant spadassin qu'on appelle la loi,

Les arsenaux de l'ame et de l'intelligence

Peuvent splendidement servir notre vengeance.

Attaquons sans scrupule, en son règne moral,

La lâche iniquité de l'ordre social.

Lançons le paradoxe ; affirmons, dans vingt tomes,

Que les mœurs, les devoirs ne sont que des fantômes.

Battons le mariage en brèche ; osons prouver

Que ce trafic impur ne tend qu'à dépraver

L'intellect et les sens ; qu'il glace et pétrifie

Tout ce qui lustre, adorne, accidente la vie.

Je sais bien que déjà plusieurs cerveaux d'airain,

S'emmantelant aussi d'un mépris souverain

Pour les vils préjugés de la foule insensée,

Se sont fait avant nous brigands de la pensée.

Mais, parmi la forêt de vénéneux roseaux

Que l'étang social couronne de ses eaux,

C'est à peine s'ils ont détruit une couleuvre.

Il serait glorieux de parachever l'œuvre,

Et de faire surgir, du fond de ce marais,

Une île de parfums et de platanes frais. —

—Silence !... écoutez tous, frères !... se mit à dire

Don José, l'œil en flamme et l'organe en délire :

Écoutez ! je m'en vais vous prouver largement

Que nous pouvons scinder, même physiquement,

De la société l'armure colossale,

Et de nos espadons rendre sa chair vassale!...

— Il n'est pas au néant descendu tout entier

Le divin moyen-âge : un fils, un héritier

Lui survit à jamais pour consoler les Gaules :

En vain mille rhéteurs ont lancé, des deux pôles,

Leur malédiction sur ce fils immortel ;

Il les nargue, il les joue... or, ce dieu c'est le Duel.

— Voici ce que mon ame à vos ames propose : —

Lorsqu'un de nous, armé pour une juste cause,

Du fleuret d'un chiffreur habile à ferrailler,

Aura subi l'atteinte en combat singulier,

Nous jetterons, brûlés d'une ire sainte et grande,

Dans l'urne du Destin tous les noms de la bande,

Et celui dont le nom le premier sortira,

Relevant le fleuret du vaincu, s'en ira

Combattre l'insolent gladiateur : s'il tombe,

Nous élirons encore un bravo sur sa tombe :

Si l'homme urbain s'obstine à poser en vainqueur,

Nous lui dépêcherons un troisième vengeur;

Et toujours ainsi, jusqu'à l'heure expiatoire

Où le dé pour nos rangs marquera la victoire!...

V.

Pendant que don José parlait, un râlement

Sympathique et flatteur circulait sourdement

Dans l'assemblée — et quand ses paroles cessèrent,

Les acclamations partirent, s'élancèrent

Avec plus de fracas, de fougue, de fureur

Qu'un *Te Deum* guerrier, sous le grand Empereur!...

Ce fut un long chaos de jurons, de boutades,

De hurrahs, de tollés et de rodomontades,

Dont les bruits jaillissant clairs, discordans et durs,

Comme une mitraillade allaient cribler les murs!

. . . .

Et jusques au matin, les damnés jeune-Frances

Nagèrent dans un flux d'indicibles démences,

— Échangeant leurs poignards — promettant de percer

L'abdomen des chiffreurs — jurant de dépenser

Leur ame à guerroyer contre le siècle aride. —

Tous, les crins vagabonds, l'œil sauvage et torride,

Pareils à des chevaux sans mors ni cavalier,

Tous hurlant et dansant dans le fauve atelier,

Ainsi que des pensers d'audace et d'ironie

Dans le crâne orageux d'un homme de génie!...

1833.

NUIT SECONDE.

NUIT SECONDE.

Névralgie.

Il y a parfois, dans notre destinée, de ces lignes noires que les magiciens eux-mêmes trouvent indéchiffrables.

Roman inédit.

I.

Jusques à mon chevet me poursuit mon idée

Fixe : toutes les nuits j'en ai l'ame obsédée.

Pour noyer au sommeil ce démon flétrissant,

Des sucs de l'opium le charme est impuissant.

Au seuil de mon oreille, une voix sourde et basse

Comme l'essouflement d'un homme qui trépasse,

Murmure : Pauvre fou! sois d'airain désormais.

Elle ne t'aimera jamais — jamais — jamais!...

Alors, tout frissonnant, je saute de ma couche ;

Autour de moi je plonge un long regard farouche ;

Et je vais saccadant mes pas..... et dans mon sein

Le terrible jamais vibre comme un tocsin!

Et puis, d'un vent de feu l'haleine corrosive

Vient courber, torturer mon ame convulsive :

Et je me persuade en mon fébrile émoi,

Que, dans l'alcove, on parle, on rit tout bas de moi!...

II.

Ce vertige à la fin tombe..... et je sens mon être

S'anéantir : — j'ai froid — et, devant ma fenêtre,

Je vais m'asseoir ; le plomb d'un stupide repos

Emmantèle mes sens : à travers les carreaux,

D'un œil horriblement tranquille, je contemple

La lune qui, juchée au faîte du saint temple,

Semble, sous le bandeau de sa rousse clarté,

Le spectre d'une nonne au voile ensanglanté.

III.

Oh! si, comme une fée amante de la brise,

La MORT sur un nuage avec mollesse assise,

Descendant jusqu'à moi du haut de l'horizon,

Venait pour piédestal élire ce balcon!...

Mon œil s'arrêterait ardent sur son œil vide,

Je l'emprisonnerais dans une étreinte avide,

Et, le sang tout en feu, j'oserais apposer

Sur sa bouche de glace un délirant baiser!

1829.

❁

NUIT TROISIÈME.

NUIT TROISIÈME.

Rodomontade.

> . . . . . Au pays des sylphides,
> Je crois, hélas ! m'élancer avec toi ;
> Et, sous le vent de tes ailes rapides,
> D'un monde impur je dédaigne la loi.
> *Roman inédit.*

Il était appuyé contre l'arche massive

De ce vieux pont romain, dont la base lascive

S'use aux attouchemens des flots :

L'astre des nuits lustrait son visage Dantesque,

Et le Nord dérangeait son manteau gigantesque
    Avec de sauvages sanglots.

A voir son crâne ardu, sa fauve chevelure,
De son cou léonin la musculeuse allure,
    Ses yeux caves, durs, éloquens,
Ses traits illuminés d'orgueil et d'ironie,
On l'eût pris volontiers pour le rude génie
    Des tempêtes et des volcans.

Il disait : Oh! pourquoi le culte de ma mère
N'est-il que jonglerie, imposture, chimère!
    Pourquoi n'a-t-il jamais été
Ce Jésus, clef de voûte et fanal de notre âge!
Pourquoi son Évangile est-il à chaque page
    Contempteur de la vérité!

Si, dans le firmament, des signes, des symboles,
Amenaient ma superbe à croire aux paraboles

Du charpentier de Nazareth ;

Si, pour me révéler à moi, débile atóme,

Que le grand Jéhovah n'est pas un vain fantôme,

　　Un archange ici se montrait ;

Ne croyez pas qu'alors, pénitent débonnaire,

Dans une église, aux pieds d'un prêtre octogénaire,

　　J'advolerais tout éperdu !

Ni qu'en un beau transport, affublé d'un cilice,

J'irais de saint Bruno renforcer la milice,

　　Dos en arcade et chef tendu !

Non, non. Je creuserais les sciences occultes :

Je m'en irais, la nuit, par des sites incultes ;

　　Et là, me raillant du Seigneur,

Je tourbillonnerais dans la magie infame,

J'évoquerais le Diable...... et je vendrais mon ame

　　Pour quelques mille ans de bonheur !

Pour arsenal j'aurais l'élémentaire empire :

Le gobelin, le djinn, le dragon, le vampire,

    Viendraient tous me saluer roi.

Je prendrais à l'Enfer ses plus riches phosphores,

Et, métamorphosant mes yeux en météores,

    Partout je darderais l'effroi.

J'enlèverais alors la belle châtelaine

Que, dans le château-fort, centre de son domaine,

    Retient l'ire d'un vil jaloux,

Depuis l'heure damnée où, dans la salle basse,

Plus tôt que de coutume arrivant de la chasse,

    Il me surprit à ses genoux.

Aux mers de l'Orient, dans une île embaumée,

Mes sylphes porteraient ma pâle bien-aimée,

    Et lui bâtiraient un séjour

Bien plus miraculeux, bien autrement splendide

Que celui qu'habitaient , dans la molle Atlantide,

    Le roi de féerie et sa cour.

Amour, enthousiasme, étude, poésie !

C'est là qu'en votre extase, océan d'ambroisie,

    Se noîraient nos ames de feu !

C'est là que je saurais , fort d'un génie étrange,

Dans la création d'un bonheur sans mélange ,

    Être plus artiste que Dieu ! ! ! ...

                       1830.

NUIT QUATRIÈME.

NUIT QUATRIÈME.

Nécropolis.

> Sur la terre on est mal : sous la terre on est bien.
> PÉTRUS BOREL.

I.

Voici ce qu'un jeune squelette

Me dit, les bras croisés, debout, dans son linceul ,

Bien avant l'aube violette ,

Dans le grand cimetière où je passais tout seul :

II.

Fils de la solitude , écoute !

Si le Malheur, sbire cruel,

Sans cesse apparaît dans ta route

Pour t'offrir un lâche duel ;

Si ta maladive pensée

Ne voit, dans l'avenir lancée,

Qu'un horizon tendu de noir ;

Si , consumé d'un amour sombre,

Ton sang réclame en vain, dans l'ombre,

Le philtre endormeur de l'espoir ;

Si ton mal secret et farouche

De tes frères n'est pas compris ;

Si tu n'aperçois sur leur bouche

Que le sourire du mépris ;

Et si , pour assoupir ton ame ,

Pour lui verser un doux cinname ,

Le Destin, geolier rigoureux,

Ne t'a pas, dans ton insomnie,

Jeté la lyre du génie,

Hochet des grands cœurs malheureux;

Va, que la mort soit ton refuge!

A l'exemple du Rédempteur,

Ose à-la-fois être le juge,

La victime et l'exécuteur.

Qu'importe si des fanatiques

Interdisent les saints portiques.

A ton cadavre abandonné?

Qu'importe si, de mille outrages,

Par l'éloquence des faux sages,

Ton nom vulgaire est couronné?

III.

Sous la tombe muette oh! comme on dort tranquille!

Sans changer de posture, on peut, dans cet asile,

Des replis du linceul débarrassant sa main,

L'unir aux doigts poudreux du squelette voisin.

Il est doux de sentir des racines vivaces

Coudre à ses ossemens leurs nœuds et leurs rosaces

D'entendre les hurrahs du vent qui courbe et rompt

Les arbustes plantés au-dessus de son front.

C'est un ravissement quand la rosée amie,

Diamantant le sein de la côte endormie,

A travers le velours d'un gazon jeune et doux,

Bien humide et bien froide arrive jusqu'à vous.

Là, silence complet; *far-niente* sans borne.

Plus de rages d'amour ! le cœur, stagnant et morne,

Ne se sent plus broyé sous la dent du remords.

— Certes, l'on est heureux dans les villas des morts !

1829.

NUIT CINQUIÈME.

NUIT CINQUIÈME.

Episode.

La douce harmonie qui dort dans la lyre appartient-
elle à celui qui l'a achetée et qui la possède, tout sourd
qu'il est ? — Il a acheté le droit de la mettre en pièces,
mais non point l'art d'en tirer des sons divins, ni la
jouissance ravissante de l'harmonie. La vérité règne sur
le sage, la beauté sur le cœur sensible. Ils s'appartien-
nent l'un l'autre. Aucun préjugé vulgaire ne peut dé-
truire en moi cette persuasion.

SCHILLER.

I.

Le pied de la nuit brune au front des tours se pose.
L'émir dans son harem, sur le divan repose;
Dans des vases d'or pur, placide et souriant,
Il regarde brûler les parfums d'Orient.

Un vieil eunuque noir, dans sa coupe qui fume,

D'un savoureux moka lui verse l'amertume.

On nourrit le foyer de cèdre et de sandal ;

Et, sur le dos d'un sphinx, marbre monumental,

Un nain jaune accroupi nonchalamment fredonne

Je ne sais quel refrain barbare et monotone.

II.

Une Grecque apparaît : de riches voiles blancs

Tombent sur son épaule à plis étincelans ;

Elle vient partager la couche du vieux More,

Et s'offrir languissante aux baisers dont l'honore

L'amour seigneurial d'un maître et d'un époux.

Comme ses yeux de jais brillent sombres et doux

Sous l'arc oriental de leurs sourcils d'ébène !

Que son pas d'odalisque et sa taille de reine,

Confondant la mollesse avec la majesté,

D'un contraste divin revêtent sa beauté !

III.

Des yeux mats de l'émir la rigueur incisive
Suit de ses mouvemens l'anxiété pensive.
Elle tressaille au bruit du féroce aquilon,
Qui hurle en flagellant les halliers du vallon.
Elle contemple au loin le ciel terne et grisàtre,
Puis regarde le sol, que d'un velours d'albàtre
Les neiges de novembre ont partout décoré ;
Elle tressaille encore, et, sur le lit moiré,
Avec une ame éteinte et des sens tout de glace,
Auprès de son seigneur elle va prendre place.

IV.

Un jeune homme inconnu veille sur le rocher.
— Du côté du manoir voyez-le se pencher !
Drapant la grise ampleur de son froc militaire,
Il semble dans l'espace un vautour solitaire ;
Insoucieux du froid dont l'àpreté le mord,

Il regarde les tours, comme regarde un mort...

Il voit, l'une après l'une, au cintre des croisées,

Mourir avec lenteur les lampes épuisées.

Une seule, à travers un rideau violet,

Sur la terrasse encor fait jaillir son reflet.

V.

C'est là que dort l'émir près de sa jeune épouse...

— La hideuse pensée! — en sa tête jalouse

Elmodhi la recueille : il est ingénieux

A bien en remuer le sarcasme odieux.

Peut-être, en ce moment, la myrrhe de sa bouche

Tarit sous le baiser du mécréant farouche.

Il ose tourmenter, du bronze de sa main,

Les flots de ses cheveux, le golfe de son sein.

Sa volupté stupide insolemment ravage

Cet Éden que l'amour livre à son œil sauvage!

L'impie! il la profane. — Oh! que, large et puissant,

Dans le cœur d'Elmodhi le désespoir descend!...

Sa poitrine orageuse en grondant se soulève ;

Il mord en forcené le pommeau de son glaive,

Et sa voix qu'assombrit une fauve douleur,

Laisse éclater un chant d'amour et de malheur :

Parmi ces neiges entassées,

Pendant que je veille au désert,

Que mille images insensées

Autour de moi volent pressées,

Comme des visions d'enfer,

Que fais-tu, ma Stella, toi qui seule en ce monde

Donne une vie ardente à mon ame profonde?

Tu m'aimes, et cependant la couche de l'émir ;

A ce honteux vieillard te voit, chaque soirée,

Livrer tous les parfums de ta beauté sacrée,

Fleur qu'amour seul devrait cueillir !

A ce penser quand je m'arrête,

Mon corps se raidit frémissant ;

Et dans mes yeux et dans ma tête

Bourdonne une sourde tempête

De feu, de larmes et de sang !

De l'esclave, le soir, la chaîne est plus légère ;

Le prisonnier qui dort sous la tente étrangère,

Se retrouve en un songe au foyer des aïeux :

La nuit verse le calme à toute créature ; —

A moi seul elle apporte insomnie et torture ;

Seul je suis maudit sous les cieux !

Ecoute : lorsqu'au cimetière,

Ce cœur, étoile de désir,

Devenu dormeuse poussière,

Oublîra, sous la froide pierre,

Ce que c'est qu'aimer et souffrir,

Stella ! — Je te l'ordonne au nom des saints vertiges,

Des fascinations , des charmes , des prestiges

Que nos cœurs l'un sur l'autre exercent ici-bas :

— Le soir, en subissant l'étreinte du vieux More ,

Oh ! rêve que c'est moi dont l'amour te dévore ;

    Rêve que je meurs dans tes bras !

VI.

    Tandis qu'il rôde en spectre autour du palais sombre,

Voilà que l'on entr'ouvre une porte dans l'ombre :

On dirait sous un pas que la neige a crié...

—C'est elle !...—Pleurs, souffrance, ah ! tout est oublié !

Dans les convulsions du bonheur qui l'oppresse ,

Contre son cœur long-tems sans parole il la presse.

Puis, en mots musculeux, fébriles, pénétrans,

Il verse son amour : des languirs dévorans

S'emparent de Stella ; tous ses nerfs se calcinent ,

Ses esprits nuagés s'ébranlent, se fascinent ;

Des contours de son sein le fougueux ondoiement

Jette un appel de flamme aux baisers de l'amant ;

Tandis que lui la porte en sa grotte prochaine,

Où flambent les débris du cadavre d'un chêne.

VII.

Et déjà cependant le soupçonneux émir,

En sursaut réveillé, s'étonne de sentir

Son lit désert et froid. — D'un élan de panthère,

Il saute à la colonne où dort son cimeterre.

Sa pelisse, sur lui jetée en un clin-d'œil,

D'un amas de joyaux fait resplendir l'orgueil.

Il brise deux tam-tams pour évoquer ses gardes ;

Et tous, en balançant torches et hallebardes,

Accourus avec bruit sur le vaste escalier,

Déroulent de leurs rangs le cadre irrégulier.

Comme un sombre ouragan, le féroce cortège

Déborde dans le val qu'éclaire au loin la neige.

— Amans, sur la caverne entendez-vous leurs pas ?

Oh ! doublez vos baisers, car voici le trépas.

— C'est en vain qu'Elmodhi fait tournoyer son sabre,

Que , lion jeune et superbe , il se roule, il se cabre ;

On éteint sous des fers son volcanique effort...

Grâce à ses Albanais , l'émir est le plus fort.

VIII.

Quelle est, dans le brouillard, cette gondole noire

Qu'on voit se détacher du pâle promontoire ?

Abdallah , le vieux chef des sbires du sérail ,

Comme un sphinx de granit surplombe au gouvernail.

Précipitant le jet de leurs rames qui sonnent ,

Au souffle froid du nord les mariniers frissonnent ,

Et les gouttes de pluie , en mille diamans ,

Se gèlent sur leur barbe et sur leurs vêtemens.

Ils sont déjà bien loin des dunes de la grève ;

Abdallah fait un signe ; un des rameurs se lève ,

Et ses bras , dans les flots violàtres et sourds ,

Poussent péniblement deux sacs de cuir bien lourds.

. . . .

Après quoi, vers le port s'en revient la tartane,

Et le septentrion seul ride la mer plane.

(Sujet tiré d'un poëte allemand.)

1830.

NUIT SIXIÈME.

NUIT SIXIÈME.

Succube.

> Elle valait tout un sérail !
> THÉOPHILE GAUTIER.

> Quoi ! tu veux retarder le moment du bonheur !
> ALPHONSE BROT.

Je rêvais, l'autre nuit, qu'aux splendeurs des orages,

Sur le parquet mouvant d'un salon de nuages,

De terreur et d'amour puissamment tourmenté,

Avec une lascive et svelte Bohémienne,

Dans une valse aérienne,

Ivre et fou, j'étais emporté.

Comme mon bras cerclait sa taille fantastique!

D'un sein que le velours comprimait élastique

Oh! comme j'aspirais les irritans parfums!

Et que j'étais heureux lorsque, brusque et sauvage,

Le vent roulait sur mon visage

Les gerbes de ses cheveux bruns!

Certes il y avait bonheur et poésie

Dans le spasme infernal, la chaude frénésie,

L'émoi luxurieux, le corrodant languir,

Qui mordaient, harcelaient nos ames remuées,

En tournoyant ainsi sur les molles nuées

Que sous nos pieds nous sentions fuir!

Oh! pitié! — je me meurs. — Pitié! ma blanche fée!

Disais-je d'une voix électrique, étouffée.

Regarde. — Tout mon corps palpite incandescent. —

Viens, viens, montons plus haut, montons dans une étoile ;

— Et là, que ta beauté s'abandonne sans voile

    A ma fougue d'adolescent !

Un fou rire la prit..... rire désharmonique,

Digne de s'éployer au banquet satanique.

— J'eus le frisson, mes dents jetèrent des strideurs. —

Puis soudain, plus de fée à lubrique toilette !

    Plus rien dans mes bras qu'un squelette

    M'étalant toutes ses hideurs !

Oh ! comme en ton amour se complait ta valseuse !

Murmurait sa voix rauque. Et sa poitrine osseuse

Pantelait de désir, râlait de volupté.

Et puis toujours, toujours, de nuage en nuage,

    Avec elle au fort de l'orage,

    Je bondissais épouvanté !

Pour me débarrasser de sa luxure avide,

Je luttais vainement dans la brume livide :

De ses bras anguleux l'enlacement profond

S'incrustait dans mes chairs ruisselantes de fièvre,

Et les baisers aigus de sa bouche sans lèvre

    M'incisaient la joue et le front.

Comme pour un adieu, dans ma sombre détresse,

Je criai tout-à-coup le nom de ma maîtresse.....

Quel trésor que ce nom ! quel divin talisman !

Le spectre me lâcha pour s'enfuir d'orbe en orbe.

—Et, joyeux du réveil, je touchai mon théorbe,

    Mon théorbe de nécroman.

1830.

NUIT SEPTIÈME.

NUIT SEPTIÈME.

Dandysme.

Mon ange, à ton piano si tu voulais t'asseoir?...
TuÉoPHILE DONDEY.

I.

C'est l'heure symphonique où, parmi les ramures,
Roulent du rossignol les tendres fioritures ;
L'heure voluptueuse où le cœur des amans,
Au seuil du rendez-vous, double ses battemens.

Des murmures du soir les merveilles suaves

D'un mol enivrement chargent les sens esclaves.

L'atmosphère est sans brume, et, dans ses profondeurs,

Des joyaux de la nuit les magiques ardeurs

Tremblent. D'un bleu foncé l'onde immobile est teinte ;

Les massifs du bocage ont rembruni leur teinte,

Et du jour qui se meurt le reflet langoureux

Semble au front des rochers un turban vaporeux.

II.

Assis dans les rameaux d'un chêne opaque et moite,

Aux bords d'un vivier pur dont la nappe miroite,

Je savoure à loisir les sourdes voluptés

Que la nature envoie à mes nerfs enchantés.

Les émanations des feuilles et des tiges

M'enveloppent le corps d'un réseau de vertiges.

Mon œil ensorcelé se baigne avec amour

Dans la moire lunaire au floconneux contour :

Mon cœur se gonfle, s'ouvre, et darde à son cratère,

Mille pensers confus, phosphorescent mystère;

Comme un punch allumé dresse au haut de son bol,

De ses flammes d'azur l'éparpillement fol.

Mais voici qu'à travers la pompe du silence,

Comme pour mieux bercer ma vague somnolence,

De la tour qui surplombe au mur du parc voisin

Jaillit l'arpègement d'un mâle clavecin.

Grâce aux brises du soir qui, dans leur fantaisie,

Ont du boudoir obscur ouvert la jalousie,

Les notes, les accords, mélodieux follets,

A mon oreille émue arrivent bien complets.

III.

Et d'abord, c'est le miracle

Des oratorios divins,

Que, dans leur chaste cénacle,

Font ouïr les séraphins.

Puis, c'est la preste cadence

D'un double aviron qui danse

Sur un lac sonore et frais :

C'est la rumeur monotone

D'une rafale d'automne,

Découronnant les forêts.

C'est le déchirement d'un rideau de nuages,

Où la livide main du gnome des orages

Dessine avec la foudre un delta sulfureux :

C'est le roulement sourd des lointaines cascades

Qui s'en vont envahir, après mille saccades,

    Un précipice ténébreux.

    C'est le choc de deux armées

    Aux prises dans les vallons,

    Qui, les chairs bien entamées,

    Pourprent de sang les sillons.

    Entendez-vous les cymbales,

    Le rire strident des balles,

    Le rude bond du coursier,

L'obus qui fouille la terre,

Et les coups de cimeterre

Parmi les bustes d'acier?

C'est le sanglot d'amour, le doux râle qui tombe

De l'arbre où, pour aimer, se blottit la colombe :

C'est la voix de cristal des champêtres clochers :

C'est l'incantation vague, joyeuse et douce

Des nains du pays vert dégarnissant de mousse

Les interstices des rochers.

IV.

Que ce luxe d'accords, fugace mosaïque,

Improvisation pleine d'entraînement,

Me subjugue, m'étreint, s'allie heureusement

Au luxe de pensers de mon ame hébraïque !

Mon être intérieur me semble en ce moment

Une île orientale aux palais magnifiques,

Où deux grands magiciens, athlètes pacifiques,

Font, sous l'œil d'une fée, assaut d'enchantement.

. . . .

Harmonie, ange d'or! comme toujours tes nimbes

Savent de mon cerveau rasséréner les limbes!

Harmonie, Harmonie, oh! quel amour puissant

Pour tes miracles saints fermente dans mon sang!....

— Si jamais la rigueur de mon sort me décide

A chercher un refuge aux bras du suicide,

Mon exaltation d'artiste choisira

Pour le lieu de ma mort l'italique Opéra.

Je m'enfermerai seul dans une loge à grilles;

Et quand les violons, les hautbois et les strilles,

Au grand contentement de maint dilettante,

Accompagneront l'air du basso-cantante,

L'œil levé hardiment vers les sonores voûtes,

D'un sublime opium j'avalerai cent gouttes;

Puis, je m'endormirai sous les enivremens,

Sous les mille baisers, les mille attouchemens

Dont la Musique, almé voluptueuse et chaste,

Sur ma belle agonie épanchera le faste.

1831.

NUIT HUITIÈME.

NUIT HUITIÈME.

Eros.

Prenez et lisez ! ceci est l'histoire de bien des femmes vertueuses.

Roman inédit.

Le cœur d'un homme vierge est un vase profond :
Lorsque la première eau qu'on y verse est impure,
La mer y passerait sans laver la souillure,
Car l'abîme est immense... et la tache est au fond!

ALFRED DE MUSSET.

PROLOGUE.

Comme, au bord de ce lit, par-delà ce vitrail,

Cette femme est posée avec désinvolture !

A la voir en relief sur la rouge tenture,

On dirait une perle aux parois d'un corail.

Elle est là, le sein nu, sous une lampe fauve,

Qui dévore de l'œil une lettre d'amour !

Viens, magique Asmodée; entrons dans son alcove!

Et tous deux appuyés sur l'élégant pourtour

De la couche d'ébène évasée en gondole,

Lisons le doux vélin qui, des sens de l'idole,

Écarte le sommeil, malgré la mort du jour.

LETTRE.

I.

Quoi ! ma prière encor dédaignée!...—Oh ! madame,

Il faut, sur mon honneur, que vous n'ayez pas d'ame !

— Quoi ! c'est donc vainement qu'exténué de deuil,

Étouffé de sanglots, à tes genoux je tombe !...

Me faudra-t-il donner ma généreuse tombe

  Pour piédestal à ton orgueil ?

Dire qu'il s'est déjà passé toute une année

Depuis l'heure où, naïve, heureuse, abandonnée,

Tu versas dans mon sein tes aveux et ta foi,

Et que pourtant, hélas! par un caprice austère

De scrupule et de honte, incohérent mystère,

    Vous n'êtes pas encore à moi !...

    Malheureuse, sais-tu combien tu crucifie

Ce cœur loyal et bon qui t'a voué sa vie?

— Tout le jour, — sépulcral et morne, — j'ai l'aspect

D'un de ces noirs damnés que nous dépeint le Dante;

D'un occulte reflet mon effigie ardente

    Impose à tous crainte et respect.

Tout le jour je suis pâle et je baisse un œil terne.

— En vain devant son Dieu ma mère se prosterne,

Pour conjurer les maux qui me rendent vieillard;

En vain, auprès de moi, les artistes mes frères,

Pour ôter à mon front ses teintes funéraires,

    Causent des prestiges de l'art.

Heureux, lorsqu'échappant à leur sollicitude,

Je puis m'aller cacher dans quelque solitude!

—Là, j'use ma pauvre ame à délirer d'espoir ;

Je pleure, et mon baiser tombe mélancolique

Sur la tresse d'ébène, amulette angélique

      Conquis au rendez-vous du soir.

Là, mes esprits fougueux nagent de rêve en rêve ;

Un souffle incendiaire autour de moi s'élève ;

Le vertige m'entraîne en son fol horizon ;

Comme un ouragan sourd mon cerveau se condense ;

J'ai la lèvre brûlée et le regard intense,

      Je sens vaciller ma raison !

II.

Et la nuit!... oh! la nuit!—Toujours ton simulacre,

Dans un confus mirage aux flancs d'or et de nacre,

Est là qui rôde en sylphe à l'entour de mes sens.

Ce sont mille deltas, ce sont mille facettes

Où vivent, dans l'azur, de tes beautés parfaites
 Les miracles éblouissans :

 D'abord, ta tête où luit cette candeur sublime
Qu'on admirait, du tems des guerres de Solime,
Chez les filles de comte, aux festins des manoirs ;
Ta tête si rêveuse et si passionnée,
Si chaste en ses langueurs, si blanche, couronnée
 De ses opulens cheveux noirs !

 Puis, ton sourire d'ange aux célestes féeries,
Ton sourire où se joue un chœur de rêveries,
Un essaim de pensers d'amour et de bonheur ;
Comme au soir, quand l'oiseau suspend sa barcarolle,
Un groupe d'esprits nains danse dans la corolle
 D'une vertigineuse fleur ;

 Puis, le galbe divin de tes flancs de sultane,
Ton charmant petit pied dont l'augure me damne,

Tes bras dont le contour brille ferme et lacté,

Les globes de ton sein, suaves cassolettes,

Où j'osai prendre un jour d'heureuses violettes

     Que je garde avec piété;

Puis, ta grâce de fée, où l'art et la nature

Font de leurs élémens une intime mixture;

Tes airs abandonnés, tes mille attractions :

En un mot, tout ce que ta vénusté rassemble

De frais, d'harmonieux, de pur!... tout ton ensemble

     D'ineffables séductions!

III.

Ha! cette vision me tue!... — A chaque fibre,

La volupté me mord; dans ma veine qui vibre

Je sens comme un bitume aux corrodans ruisseaux;

Une robe de feu qui torture et dévore

Comme le vêtement du perfide Centaure,

     Se colle à ma chair, à mes os!

Et je râle, et je crie, et vers ton beau fantôme
Je tords mes bras chargés d'un électrique arôme :
Vois, dis-je, vois mon corps se calciner pour toi!
Ne veux-tu pas donner un terme à mes supplices!
Oh! viens. Dans un chaos d'orageuses délices,

    Viens t'anéantir avec moi!

— Démence! — Il n'entend pas le fantôme ironique!
Volupté, que lui fait ton étreinte harmonique?
Il fuit. — Mais le Désir, gnome au souffle fiévreux,
Reste, et toujours, toujours, ce railleur taciturne,
Sur mon ame et mes sens, veufs du repos nocturne,

    Distille un philtre sulfureux.

IV.

Oh! je voudrais pouvoir m'aventurer dans l'ombre
De mon passé, nuage ossianique et sombre!
Je voudrais le fouiller, afin d'y ressaisir
Les mois, les jours, les nuits, les heures, les minutes,

Qui m'ont vu déployant mes rages et mes luttes,

    Dans la fournaise du Désir !

Oh ! je voudrais pouvoir, devant moi, sur ce marbre,

Les amonceler tous, comme des feuilles d'arbre !

Sous le feu de mon œil, sous la chair de ma main,

Les tenir, les couver, palpables et visibles !

Puis, — épelant tout bas des mots intraduisibles,

    Dans un grimoire surhumain, —

Faire descendre en eux mouvement vie et flamme,

Les douer d'une voix, d'une allure, d'une ame,

Les métamorphoser en un peuple d'esprits ;

Puis, envoyer leur pâle et symbolique armée

Contre ton cœur de neige, ô femme trop aimée,

    Pour lui dire qu'il s'est mépris,

S'il croit que mes vingt ans, dans leur chaud paroxisme,

Peuvent se contenter d'un pur platonicisme ; —

Et pour lui dérouler, sur un mode puissant,

L'hymne de folle extase et de volupté sombre,

Que le rêve éternel de tes charmes sans nombre

    Fait chanter aux flots de mon sang !!...

. . . .

ABIME.

    Sa main laisse rouler la brûlante missive

Sur les draps de sa couche. — Elle est toute pensive...

Il y a sur sa bouche un froncement moqueur ;

Son œil est malévole ; — écoutons dans son cœur :

    « Mon Dieu ! comme ce fou m'idolâtre et me vante !

Comme sa passion s'agenouille fervente !

Même alors qu'il murmure et qu'il fait l'irrité,

Quels trésors de simplesse et de virginité !

Mon pâle adolescent, votre style est de flamme...

Mais vous vous abusez, si vous leurrez votre ame

De l'espoir qu'à la fin je prendrai le loisir

De vous initier aux transports du plaisir.

Je ne vous aime, moi, que d'un chaste amour d'ange ;

Je ne veux entre nous que le mystique échange

Des illusions d'or qu'au monde intérieur

Nos pensers vont cueillir, loin du siècle rieur.

Non que je sois de marbre et que rien n'évertue

L'impassibilité de mes sens de statue :

Bien loin de là ; mon corps brûle aussi libertin,

Aussi luxurieux qu'un corps napolitain ;

Mais le Ciel m'a pourvu d'un mari légitime,

Qui dans l'amour des sens déploie un art sublime.

En revanche, il est nul à faire trouver mal,

Dès qu'il s'agit des fleurs de l'amour idéal.

Or, dolent chevalier, c'est pour combler ce vide

Que j'ai daigné sourire à votre ardeur candide...

Vous avez dans l'esprit tant d'exaltation !

Vous entendez si bien la contemplation !

Seul, par vos sentimens purs et chevaleresques,

Vous pouvez satisfaire à mes goûts romanesques.

Comme mon beau mari peut seul rassasier

De mon tempérament l'érotique brasier.

A lui les feux du corps, à vous les feux de l'ame ;

Et je vous donne ici ma parole de femme

Que j'empêcherai bien mes deux jaloux captifs

De jamais empiéter sur leurs droits respectifs. »

ÉPILOGUE.

A quelque tems de là, seul dans sa pauvre chambre,

Cependant que le froid d'une nuit de décembre

D'arabesques de givre adornait le carreau,

Notre jeune homme, assis devant un vieux bureau,

Écrivait, aux lueurs d'une morne bougie,

Sur un feuillet d'album, cette amère élégie :

J'ai lu dans un recueil de méditations

Sur le monde moral, que, dans les passions

Bien complètes, toujours il advient une crise

Si poignante, qu'il faut que notre cœur se brise...

Ou se bronze. — Or, mon cœur en est là. — Se briser!

Non; sa trempe est robuste : il saura se bronzer.

Et désormais plus froid qu'une urne mortuaire,

Il se réfugîra, comme en un sanctuaire,

Dans l'égoïsme. — Adieu, sentimentalité!

Adieu, croyance pure à l'immortalité

De l'ame! Adieu, vous tous, mes beaux enthousiasmes,

Des bouquins allemands frénétiques miasmes!

Mots superstitieux dont je fus tant épris,

Ma raison vous rejette avec rage et mépris :

Comme un prêtre qu'à Dieu le siècle impur dérobe,

Jette aux bords du chemin son bréviaire et sa robe!

1833.

NUIT NEUVIÈME.

NUIT NEUVIÈME.

Incantation.

> Mes besoins et mon sang me guident sur la route ;
> Mon sang me parle, à moi, c'est mon sang que j'écoute :
> Je ne pense pas, moi, j'ai des sensations,
> Et mes simples désirs valent vos passions !
> VICTOR ESCOUSSE.

Dans son hideux palais sous les roches creusé,

Itobal rentre seul : à côté de la porte,

Il pend sa carabine et son damas bronzé ;

Puis, sur un lit de joncs, ramille sèche et morte,

Se laisse de son haut tomber tout épuisé.

Mais en vain l'égorgeur, que la fatigue excède,

Après trois jours de marche et de sanglans travaux,

Espère s'endormir au frais de ses caveaux :

Un vertige inouï le dévore et l'obsède.

— Mille damnations ! dit-il entre ses dents :

Là, près de mon oreille, un essaim tourbillonne ;

Mes muscles convulsifs tremblent, mon sang bouillonne ;

On dirait que je suis sur des charbons ardens !

Je ne sais quel lutin si méchamment s'applique

A frustrer un vieux loup de sa part de sommeil :

Qu'importe ? N'ai-je pas un arcane magique,

Qui peut soûler mes sens d'un baume léthargique,

Pour trois règnes entiers de nuit et de soleil ?...

—Holà ! remuez-vous, crânes poudreux et ternes

De tous les vils poltrons égorgés par mes mains !

Crânes, qui reposez le long des grands chemins,

Dans les noires forêts, dans les eaux des citernes,

Accourez ! accourez ! les vents vous porteront.

Pour venir jusqu'à moi, profitez des ténèbres ;

Puis, avec des cris sourds, des sifflemens funèbres,

Autour de mon chevet dansez, dansez en rond ! —

A peine ont retenti ces mandemens profanes,

Que, par les rocs fendus, entre désordonné,

Sur de jaunes rayons, un cortége de crânes,

Dont le lit sanguinaire est soudain couronné.

La ronde s'organise, et s'ébranle, et tournoie ;

Et bercé, fasciné par le rhythme discord

Des psaumes que le bal fredonne dans sa joie,

Notre infernal bandit profondément s'endort.

— Ho ! métaphysiciens, qu'est-ce que le remord ?...

1829.

NUIT DIXIÈME.

NUIT DIXIÈME.

Trinité.

Lasciate ogni speranza.............
DANTE.

Beati pauperes spiritu !.....
ÉVANGILE.

I.

Désireux que j'étais d'un songe bien morose,

J'avais pris, l'autre soir, une assez forte dose

D'opium. — Et d'abord, je vis un tournoiement

De grandes masses d'ombre... un bizarre ondoiement

De nuages moirés et fantasmagoriques,

De profils infernaux, de cadres phosphoriques.

Puis, tout ce vague essaim d'inertes visions

S'abîma dans le vide en muets tourbillons.

— De ce chaos naquit le drame de mon rêve. —

Dans un bois de l'Asie, au versant de la grève

D'un fleuve dont le cours s'allongeait indolent,

Je m'aventurais seul, rêveur et somnolent.

Un beau vieillard marcha droit à moi; son costume

Était large et soyeux, comme c'est la coutume

Chez les Orientaux. Son front, dans sa hauteur,

Déployait un éclat sombre et divinateur.

Son œil noir, talisman de sympathique flamme,

Avait de ces regards qui vous transpercent l'ame.

Tout disait que, vieilli dans un art clandestin,

Sans peine il déchiffrait les pages du Destin.

II.

— Mon fils! me dit sa voix pompeuse et fatuaire,

Ton cœur des passions a bu l'électuaire.

De trois vastes désirs le groupe effervescent,

Comme un sombre simoun, tourbillonne en ton sang.

Je devine quels biens sauraient te satisfaire;

Tu voudrais t'éjouir au sein d'une atmosphère

Qui distillât sur toi la triple volupté

De l'Amour, de la Gloire et de la Liberté.

Liberté! Gloire! Amour! formidables génies,

A qui les fils de l'art doivent tant d'agonies!

Oh! combien d'aspirans à vos parvis sacrés,

Repoussés de la nef, meurent sur les degrés!...

Et ceux devant lesquels vos portes s'ouvrent toutes,

Ceux pour qui chantent haut les orgues de vos voûtes,

Que vous leur vendez cher le triangle de feux

Dont vous glorifiez leur crâne sans cheveux! —

III.

—Vieillard ! lui dis-je ému, si ta pensée austère

De mon ame profonde explore le cratère,

Sans doute ce pouvoir que tu reçus d'Allah,

Cette intuition ne se borne pas là.

Des choses à venir le plus condense arcane

Pour ton œil surhumain doit être diaphane.

Ta magie, est-ce pas, sait ravir au démon

Des charmes, des secrets dignes d'un Salomon.

Sorcier, mage, devin, j'implore ta puissance ;

Apprends-moi si les Dieux que mon orgueil encense,

De quelques diamans adorneront mes jours,

Ou si leur trinité me renîra toujours. —

IV.

—Je le veux bien, mon fils ! Or donc, prends ce volume ;

L'oiseau Rock pour l'écrire a donné mainte plume.

Lis le premier verset. Si tu ne comprends pas,

Ne t'alarmes en rien ; car moi seul, ici-bas,

J'ai le don de trouver ce livre intelligible.

Pendant que tu liras, une force invisible

T'enlèvera de terre ; à l'entour de ton front,

Des murmures, des voix, des ailes bruiront.

Interdis à ta chair les frissons de la crainte.

Tu ne tarderas pas à voir le labyrinthe

Qui ceinture à longs plis le groupe radieux

Des trois temples de jaspe où règnent les trois Dieux.

Chacun de ses palais, devant son péristyle,

Présente un obélisque en bronze, œuvre de style

Assyrien, qui porte inscrits sur ses talus

Les noms des supplians par le Génie élus.

V.

J'embrassai le vieillard, et prenant le grimoire,

D'abord j'en admirai la dorure et la moire ;

Puis j'ouvris les feuillets, et je lus... Aussitôt

Un nuage bruyant me prit dans son manteau.

Je traversai l'éther d'un élan plus véloce

Que celui de la trombe, aérien molosse.

Peu à peu les démons ralentirent leur vol;

Je vis le labyrinthe, et j'en touchai le sol.

VI.

Sous un platane, au flanc d'une colline ardue,

Les trois temples païens surgirent à ma vue.

Ma première ferveur fut pour la Liberté.

Vers son portique blanc je courus exalté.

— N'attendez de ma phrase aucune fioriture

Sur les compartimens, le dôme et la sculpture

De l'édifice. — A peine y jetai-je un coup-d'œil. —

L'obélisque d'airain qui se dressait au seuil,

Absorba tout entier mon œil farouche et triste.

— Or, mon nom n'était pas sur la pompeuse liste. —

VII.

Blême comme le roi des épouvantemens,

Je m'arrêtai glacé; mille pressentimens

De funèbre couleur en mon cerveau sourdirent;

La Raison, la Sagesse à l'oreille me dirent :

« Pour jouer un tel jeu tu n'es pas assez fort.

» Fuis! tente sur toi-même un héroïque effort. »

Mais l'Orgueil me cria que je serais un lâche

Si je m'en retournais sans accomplir ma tâche.

Alors, sur mon visage, avec intensité

Je rappelai le calme et la sérénité;

J'invoquai l'Espérance, et, m'efforçant d'y croire,

J'arrivai taciturne aux portes de la Gloire.

VIII.

Mon œil interrogea l'obélisque divin

Sur sa quadruple face... En vain! toujours en vain!

Pas de nom ! — Cette fois, ma douleur fut plus digne ;

Ma tête se drapa d'une ironie insigne :

Mon cœur bondit de rage, et, faisant le géant,

Se permit de traiter la gloire de néant.

Je pensai que l'Amour avait assez de palmes,

Assez de beaux festins, de solitudes calmes,

Pour me faire oublier, dans leur solennité,

Le dédain de la Gloire et de la Liberté.

Donc, je repris courage, et, d'un bond frénétique,

Je m'élançai devant le troisième portique.

IX.

Mes frères en orgueil, vous tous dont les vingt ans

Ne font que de sonner à l'horloge du tems,

Vous, qui, francs contempteurs de ce siècle néfaste,

Voulez accidenter votre vie avec faste,

Et nourrissez tout bas l'immense ambition

D'unir à l'action la contemplation,

Dites, comprenez-vous quelle âpre névralgie

De ma sombre nature exaltait l'énergie,

Pendant que je jouais, bourrelé de remord,

Mon dernier coup de dé sur la table du sort?...

X.

Frères, là comme ailleurs, mon regard n'eut à lire

Que des noms étrangers ! — Pantelant de délire,

Je tirai mon poignard, et, de ma forte main,

Je ciselai mon nom sur le bronze inhumain ! —

Alors, pour châtier ce hardi sacrilége,

La théâtrale horreur d'un pompeux sortilége

M'enveloppa ; le ciel couvrit son pavillon

D'un drap noir que zébrait un sulfureux sillon,

Et, du creux d'un nuage, une voix dramatique

Laissa tomber ces mots, comme un oracle antique :

Puisque Liberté, Gloire, Amour,

T'ont défendu l'accès de leurs temples sublimes ;

Puisque, d'abîmes en abîmes,

Tes trois plans de bonheur ont roulé tour à tour ;

Prépare-toi, jeune homme, à descendre la pente

Qui mène au réceptacle où, sur un trépied noir,

Siége le démon pâle à la robe sanglante,

     Qu'on appelle le Désespoir !

1833.

Mosaïque.

—

FRAGMENT PREMIER.

FRAGMENT PREMIER.

......

Spleen.

MANFRED.

La patience! toujours la patience!... Ce mot a été
créé pour les animaux serviles et non pas pour l'oiseau
de proie! Prêche la patience aux êtres formés de ta
vile poussière! moi, je suis d'une autre espèce!

LE CHASSEUR DES ALPES.

Merci Dieu! je ne voudrais pas être de la tienne
pour toute la gloire de Guillaume Tell!...

LORD BYRON.

Oh! combien de mes jours le cercle monotone
Effare ma pensée et d'ennuis la couronne!
Que faire de mon ame et de ses saints transports,
Dans cet air étouffant qui pèse sur la ville,

Au milieu d'une foule insouciante et vile,

Où dort l'enthousiasme, où tous les cœurs sont morts !

Que faire, dites-moi, de ce culte funeste

Pour tout ce qui dans l'homme est grand, noble, céleste,

De ces fougues d'amour, de ces élans d'orgueil,

De ces bouillonnemens, de cet intime orage,

Qui, de mes nerfs brûlés dévorant le courage,

Me font déjà rêver le repos du cercueil !

Est-ce éternellement que le sort me condamne

A dépérir ainsi dans ce climat profane?

Oh ! ne pourrai-je donc, libéré de mes fers,

Pélerin vagabond sur de nouvelles rives,

Promener quelque jour mes passions actives,

A travers l'Océan, à travers les déserts?

Où donc est le vaisseau qui, dédaignant la côte,

Doit chercher avec moi la mer profonde et haute?

Quand, nouveau Child-Harold, sur la poupe monté,

A l'heure du départ, libre, sauvage et sombre,

D'un sourire pareil au sourire d'une ombre

Enverrai-je l'insulte à ce bord détesté?

Le bercement lascif de l'onde aventureuse

Peut-être assoupirait la fièvre sulfureuse

Qui m'arrache des pleurs et me tarit le sang :

Peut-être, avec l'aspect du sol que je renie,

S'en irait cet amour dont ma pâle atonie

Divulgue le pouvoir morbide et flétrissant.

Peut-être j'oublierais jusqu'à ce nom magique

Que tant de fois mon cœur, lyre mélancolique,

A modulé tout bas loin des cœurs importuns :

Et je ne verrais plus, dans mon sommeil morose,

Un fantôme trop cher, de sa main blanche et rose,

A ses cheveux d'ébène immiscer des parfums.

Toi l'oublier, esclave? — Oh! non, je t'en défie.

— Un charme trop puissant fut jeté sur ta vie. —

Tant que de sa lueur un reste de raison

Éclaircira la nuit de ton ame déserte,

Toujours, dans ta pensée aux noirs chagrins ouverte,

Une voix sarcastique épèlera ce nom!

Eh bien! donc, si jamais, dans son pélerinage,

Mon brick aventurier rencontrait une plage

Où s'ouvrît des combats le drame redouté :

Jetez l'ancre, dirais-je, allons! qu'on prenne terre!

J'aime le sang, la mort, le jeu du cimeterre,

Et je réclame ici ma part de volupté!

Un cheval! un cheval!.... et qu'à bride abattue

Je tombe au plus épais de ces rangs où l'on tue!

— Reçois, bruyant chaos, celui qui veut mourir.....

Oh! l'éclair des cimiers! le spasme du courage!

La strideur des clairons, l'arôme du carnage ! —
Quelle sublime fête à mon dernier soupir ! !

Certes, jeune insensé, voilà d'orgueilleux songes.
Ta muse n'a jamais, pour d'aussi beaux mensonges,
Sur le clavier de l'ame improvisé des airs.
Mais ils sont vains les cris de ta bouillante audace !
Au conseil du Destin tu n'as pas trouvé grâce :
Sur son trône de bronze il rit de tes concerts.

Pleure : il faut te résoudre à languir dans les villes.
— Adieu l'enthousiasme. — En des travaux serviles
On t'ensevelira, comme en un froid linceul.
Ah ! pleure — mais tout bas, de peur que l'ironie
De misère et d'orgueil n'accuse ton génie.
— Et point d'amis encore ! — Il te faut pleurer seul.

1829.

FRAGMENT SECOND.

FRAGMENT SECOND.

Mystère.

Qui sait ce qui est derrière la mort?... Qui sait si les ames, délivrées de leur prison matérielle, ne peuvent pas quelquefois revenir veiller sur les ames qu'elles aiment, commercer mystérieusement avec ces douces compagnes encore captives, et leur apporter en secret quelque vertu des anges et quelque joie du ciel?

VICTOR HUGO.

« Seigneur, une Ame pure, innocente, ingénue,

» Dans tes brillans parvis dernièrement venue,

» Le croira-t-on jamais? soupire et pleure encor!

» Vainement, pour calmer son angoisse inconnue,

» L'air se charge de myrrhe et des sons du Kinnor.

» Tes dômes lumineux, tes auréoles vives,

» Tes anges, de ta gloire étincelans convives ,

» Ne peuvent absorber son déplaisir profond :

» Nous l'entendons souvent, dans le Bois des Olives,

» Redemander la terre et murmurer un nom. »

Sous mon Delta de feu qu'on l'amène sur l'heure !

Dit le souverain juge : et la sainte demeure

Vibra respectueuse au timbre de sa voix :

Et d'un vol cadencé , la jeune Ame qui pleure,

Surgit, pâle colombe, aux pieds du Roi des rois.

— Jeune Ame, qu'ai-je appris ? certes, il est étrange

Que, même dans le ciel, toi, dont j'ai fait un ange,

Tu laisse errer des pleurs sur tes traits abattus :

Pourtant tu méritais un bonheur sans mélange ,

Car le Livre de vie est plein de tes vertus.

Pour tuer la rigueur du mal qui te dévore,

Veux-tu que je te donne un char omnicolore,

Une tente de pourpre aux rideaux de vermeil ?

Veux-tu te couronner d'un royal météore,

Et luire dans l'éther comme un second soleil ?

—Oh ! non, mon père, non : répondit la jeune Ame.

Ce ne sont pas ces biens que ma douleur réclame.

Gardez tous vos trésors, vos sceptres de saphir,

Vos chars de diamant, vos couronnes de flamme,

Et parmi les humains laissez-moi revenir.

Je veux m'en retourner au bois où dort ma cendre....

Ma bien-aimée est là qui, malheureuse et tendre,

Du monde pour gémir se plaît à s'isoler.

Auprès d'elle, Seigneur, laissez-moi redescendre!....

Son deuil est si profond ! je veux la consoler.

—Eh bien ! dit Jéhovah, j'exauce ta demande.

Je te bénis, mon fils. Lorsque l'amour commande,

Tout doit obéir, tout.... jusques à l'Éternel.

Un cœur qui sait aimer est la plus riche offrande

Dont on puisse jamais décorer mon autel. —

Et , du regard de Dieu légèrement froissée ,

La porte du ciel s'ouvre : et , d'une aile insensée ,

Le jeune esprit se plonge en l'éther spacieux :

A plein vol il descend , plus prompt que la pensée ,

Vers un orbe lointain qui fascine ses yeux.

Autour de lui déjà les brises de la Terre

De leur grande harmonie apportent le mystère :

Son pied rase des monts le nébuleux cimier ;

Et , sous le ciel créole , en un parc solitaire ,

Il se jette invisible aux feuilles d'un palmier.

Là , sur l'herbe et les fleurs , celle qu'il idolâtre

Repose : l'on dirait une nonne d'albâtre ,

A voir sa vénusté, son calme et sa pâleur :

Elle dort..... mais sa lèvre ardente et violâtre

Révèle qu'en son sein ne dort pas la douleur.

Doux comme le parfum que la rosée éveille,

L'esprit du bien-aimé se glisse à son oreille;

Il mêle à ses cheveux de suaves senteurs :

Et, pour rasséréner son beau front qui sommeille,

A voix basse il lui dit ces mots fascinateurs :

— Ne te désole plus, ma colombe chérie!

Je reviens : ta beauté dans les larmes flétrie

N'a pas à mon amour fait un stérile appel.

Pour l'humble solitude où se cache ta vie,

J'ai quitté sans regret tous les bonheurs du ciel.

Je veux qu'autour de toi, comme une pure essence,

En tous lieux et toujours oscille ma présence :

Je veux que tu l'aspire au milieu des concerts

Que la nature exhale, et dans l'effervescence

Des émanations qui parfument les airs.

Au doux tomber du jour, lorsque la rêverie

Allanguira tes pas dans la tiède prairie,

Sur les losanges d'or mon ame glissera ;

Et suspendant son vol, belle, heureuse, attendrie,

Comme en nos soirs d'amour elle te sourira.

La nuit, je frôlerai les rideaux de ta couche ;

Je mêlerai mon souffle au souffle de ta bouche ;

J'imprégnerai tes sens d'un mystique bonheur :

Et jamais nul démon, de son rire farouche,

N'osera dans un rêve épouvanter ton cœur.

Suspends à ton balcon des harpes d'Éolie :

Et lorsque les vapeurs de la mélancolie

Rembruniront pour toi l'aspect de ton séjour,

Mon ombre te joûra, sur la corde amollie,

Des airs voluptueux comme un frisson d'amour.

Oh ! souvent, n'est-ce pas ? de langueur expirante,

Tu viendras visiter la forêt murmurante

Où les premiers aveux firent trembler ma voix ;

Où de mes chastes bras l'étreinte délirante

T'attira vers mon cœur pour la première fois ?

Là , mon fantôme encor, plein de jeunes ivresses ,

Veut te faire un réseau de brûlantes caresses ;

Mon baiser veut encor frissonner sur ta main ,

Courir sur tes cils noirs, sur tes soyeuses tresses ,

Incendier ta lèvre et jasper ton beau sein.

Oh ! oui , jusques à l'heure où , pour le vrai cénacle ,

Ton ame laissera le terrestre habitacle ,

Je tiendrai ma ferveur roulée autour de toi :

Tu pourras t'éjouir , comme en un tabernacle ,

Dans ce chaste penser : son ame est avec moi !....

.8?

FRVGMENT TROISIÈME.

FRAGMENT TROISIÈME.

Fanatisme.

> . . . . A la rage il adore,
> Républicain naïf, les romaines vertus :
> Il se donne les airs et le ton d'un Brutus!
> THÉOPHILE DONDEY.

Que je l'aime ce nom, saint dans tous les langages,

Ce nom terrible, écrit sur le char des orages,

Ce nom, beau de puissance et d'immortalité,

Qui fait pleurer les rois dans leur alcove immonde,

Que nous verrons un jour le seul culte du monde,

  Ce nom de bronze, Liberté !...

Lorsque, tout grandiose, il vibre à mon oreille,

Ma fougue de poète en sursaut se réveille,

D'héroïques éclairs jaillissent de mon œil,

Ma main veut s'appuyer sur le pommeau d'un glaive,

J'ai des frissons de gloire, et mon front se relève

  Couronné d'un joyeux orgueil !

O ! sainte Liberté, si ma Lutèce encore

Voyait d'un fils des camps le bouclier sonore

Remplacer au Forum les tables de ses lois,

S'ils renaissaient encor les jours du despotisme,

Si la France expirait, va, mon patriotisme

  Ne serait point morne à ta voix.

Vainement de César le trône sacrilége

Resplendirait, gardé par le double cortége

D'un sénat avili, d'un prétoire invaincu :

Du vertueux Brutus je relirais le crime.....

Je n'aurais point pitié du conquérant sublime :

— Bientôt César aurait vécu.

1828.

FRAGMENT QUATRIÈME.

FRAGMENT QUATRIÈME.

Il mio Tesoro.

> Mon amour est animé comme la vie,
> Sans bornes comme l'infini.
>
> SCHILLER.

> . . . . Une chaîne me lie,
> Que je ne romprai pas ! . . . . . .
>
> VICTOR HUGO.

V......, nom mystique émané d'un beau rêve,

Nom vague, primitif, pur comme celui d'Ève,

Nom créé par l'amour et créé pour moi seul,

Dont je me souviendrai jusques dans le linceul,

Dis, n'es-tu pas heureux de nager dans l'arôme

Qu'élève autour de toi mon ame, ton royaume,

Comme une almé se plonge et nage en souriant

Dans un bain tout rempli des senteurs d'Orient?...

— Oh! c'est que j'ai pour toi, dans ma chaude poitrine,

Des prédilections d'essence si divine!...

C'est que j'émets vers toi, mon idéal flambeau,

D'ardeurs et de soupirs un cortége si beau!...

— Le Doute et la Raison, couple mélancolique,

M'ont dépeuplé jadis tout le ciel catholique :

Depuis long-tems j'ai dit un solennel adieu

A l'*absolvo* du prêtre, aux hymnes du saint lieu.

Mais le doux mysticisme, ange d'or et de flamme,

Ne s'est pas pour cela retiré de mon ame!

Ma ferveur ne s'est pas éteinte!... seulement,

Je lis un autre nom sur le bleu firmament. —

A toi seul mes trésors de pieuse tendresse,

Nom suave et chéri de ma dame et maîtresse!

Pour m'imprégner d'extase et de dévotion,

Toi seul es assez riche en fascination !

— Hélas ! autour de toi, ma jolie émeraude,

Mon sens intuitif nuit et jour veille et rôde.....

Tant je crains le serpent social !... tant j'ai peur

Qu'il n'étende sur toi sa morbide vapeur !

Tant j'appréhende, hélas ! que cette haleine immonde

Ne te fasse tomber aux préjugés du monde ,

Comme une pauvre étoile aux fanges d'un marais ! —

Que je voudrais, mon Dieu ! mon Dieu, que je voudrais

T'enserrer, te cacher à toujours dans l'abîme

De mon amour profond, de ma pensée intime !...

Dans l'arcane pieux , fidèle, protecteur,

Du centre de mon cœur !... dans le cœur de mon cœur !...

(Tiré d'un poème inédit sur l'*Amour Platonique.*)

1833.

9

FRAGMENT CINQUIÈME.

FRAGMENT CINQUIÈME.

Page de Roman.

Nulla tuum nobis subducet fœmina lectum ,
    Hoc primum juncta est fœdere nostra Venus.
Tu mihi sola places ; nec jam , te præter, in urbe
    Formosa est oculis ulla puella meis.
         TIBULLE , Liv. III , Élég. VII .

I.

Oh ! crois toujours en moi !... que jamais, dans ta route,

Le sphinx pernicieux qu'on appelle le Doute

    Ne rampe à ton côté !

Crois toujours qu'adorée en son Delta de flamme,

Ton ame gardera le sceptre de mon ame
Toute une éternité !

Crois toujours que mon cœur, mystérieux émule
Du vers passionné que ton cœur, dans Tibulle,
A trouvé si charmant,
Se plaît à répéter : jamais nulle autre femme
Ne recevra de moi, sur une couche infâme,
Des étreintes d'amant !

C'est qu'il faudrait, vois-tu, de bien grands sortiléges
Pour m'allumer au sein des ardeurs sacriléges ;
Car je sais allier
A la sombre raison de notre âge sceptique
La foi primordiale et la candeur pudique
Du siècle-chevalier !

II.

Mais si l'unique vœu de ma pensée occulte

Est de t'avoir toujours pour mon astre et mon culte ;

Si ma volonté ploie esclave sous l'aimant

Dont le ciel a doué ton œil de diamant,

Moi, je veux à mon tour me sentir le seul maître

De tout ce qui palpite et pense dans ton être !

Je veux que ton esprit, vierge de tout lien,

En dehors du Devoir plane ainsi que le mien.

Je veux, rêvant pour nous félicité complète,

Que mon cœur soit toujours la seule cassolette,

Le seul brasier d'amour où, sans remords aucuns,

Ton ame orientale épanche ses parfums !...

— Vrai Dieu ! Pourquoi faut-il que, fascinée encore·

Par un monde hypocrite et vain qui se décore

D'un habit de morale aux serviles galons,

Tu proclames, devant la tourbe des salons,

Comme principe d'ordre et vertus généreuses,

D'absurdes préjugés dont les faces lépreuses

Ne m'inspirent jamais qu'un hoquet de dégoût,

Et que toi-même au fond tu hais par-dessus tout ?...—

Si tu pouvais alors , dans ma tête insensée ,

Voir tous les vils démons qui hantent ma pensée !....

Si ton amour savait combien alors en moi

D'amers ressentimens bourdonnent contre toi ! !...

.   .   .   .

.   .   .   .

III.

Je t'afflige, est-ce pas? — mon ange aimé, pardonne!—

Va, si ma sombre ardeur au dépit s'abandonne ,

      Si j'ose amèrement

Te cadencer en vers d'impérieuses plaintes ,

C'est que j'ai dans le cœur assez de choses saintes ,

      Assez d'enchantement ,

Pour te faire oublier le déplaisir funeste

Dont je ternis ton ame, azur chaste et céleste :

      C'est qu'au monde idéal ,

J'ai pour toi des palais, fils de ma fantaisie,

Des jardins exhalant mystère et poésie,

      Sous un ciel auréal :

C'est qu'à la fois je tiens du démon et de l'ange;

C'est que, par un caprice intraduisible, étrange,

      — Que tu concevras, toi,

Mais qui susciterait des sots la pitié grave, —

Je veux être à la fois ton maître et ton esclave,

      Ton vassal et ton roi !

IV.

Ce soir pour être heureux nous aurons donc une heure !

— Oh ! comme par avance et j'en ris et j'en pleure ! —

      Belle fée, est-ce pas

Que tu dissiperas le doute qui me froisse,

Et que j'endormirai mon orageuse angoisse

      Au berceau de tes bras?...

J'ai de rêves d'amour l'ame tout enlacée :

C'est comme un fleuve d'or où ma chaste pensée

      Se plaît à s'engloutir ;

C'est une plénitude et de joie et d'extase ;

Un fardeau de bonheur qui m'oppresse, m'écrase,

      Jusqu'à m'anéantir !

Pied d'Espagnole, œil noir, gorge d'Italienne,

Vénusté de houri, langueur éolienne,

      Organe célestin,

Trésors secrets, foyers de magnétique flamme,

A vous mes sens ! à vous mon corps ! à vous mon ame !

      A vous tout mon destin !!....

               (Tiré d'un poème intitulé *Delta*.)

                     1832.

FRAGMENT SIXIÈME.

FRAGMENT SIXIÈME.

⚬⚬⚬⚬⚬⚬⚬⚬⚬

Amour.

Espérons en les dieux, et croyons à votre ame !
De l'amour dans nos cœurs alimentons la flamme !
DE LAMARTINE.

Si la Marchesina sort du palais furtive,

Ce n'est pas pour rêver à la chute plaintive

Des cascades rongeant leurs sonores gradins ;

Si son pied va foulant la mousse des jardins,

Si dans le bois douteux sans duègne elle s'expose,

Ce n'est pas , croyez-moi , pour la brise ou la rose.

Tremblante, son oreille écoute.... Oh! ce n'est pas

La voix du rossignol : c'est le bruit sourd d'un pas

Qui rapidement glisse au limbe de l'allée.

D'un nuage d'amour sa paupière est voilée ;

Elle appuie , au sommet d'un talus de gazon ,

Sa tête langoureuse où s'éteint la raison.

Tout-à-coup , traversant le hallier qui palpite,

A ses pieds adorés l'amant se précipite.

LE JEUNE HOMME.

Laisse , fée aux yeux noirs, laisse mon corps jaloux ,

Comme un serpent lascif, s'étendre à tes genoux !

Lorsque ta vénusté de son éclat m'obombre,

Dieu seul de mes bonheurs pourrait dire le nombre.

Laisse ma tête en feu, se serrant contre toi,

Caresser follement ta robe ; laisse-moi ,

Sous l'amour de tes yeux qui me trempent de flamme,

Respirer comme un vague et saisissant dictame.

Que je boive à pleins bords l'oubli des mauvais jours !

Ma reine, dis-moi bien que tu seras toujours,

Dans les sables brûlans de ma vie agitée,

Mon ombreuse oasis et ma coupe enchantée !

LA DAME.

Est-ce qu'il m'est possible, amour ! d'être un moment

Sans parfumer ton sort de mon saint dévoûment ?

Oh ! puis-je sur tes pas répandre assez de myrrhe,

Toi qu'avec passion je vénère et j'admire,

Toi qui parles si bien des femmes et du ciel,

Toi dont l'organe aimant réalise Ariel ?

Puis-je assez te chérir, mon ange, mon idole !

Toi qui, lorsque, le soir, nous allons en gondole,

Chantes pour moi des vers dans les parfums du vent ;

Toi qui sais m'adorer en poëte fervent,

Comme aux jours du passé Pétrarque adorait Laure,

Le Dante Béatrix, le Tasse Éléonore;

Toi dont le cœur est vierge, et dont la vie enfin

Est un hymne d'amour sans lacune et sans fin?...

LE JEUNE HOMME.

Oh! laisse mes deux bras te faire une ceinture!

Viens! De tous les bonheurs épars dans la nature,

Au centre d'un baiser, chère amante, essayons

De confondre et d'unir les multiples rayons.

Mets tes yeux sur mes yeux. Donne à ma lèvre, donne

Ta lèvre séraphique, ô ma blanche madone! —

Dieux! le beau, le divin, le sublime baiser

Qu'à ce propos galant, vous l'eussiez vu poser

Sur la bouche de miel de sa pâle marquise,

Qui se mourait d'amour, dans une pose exquise!...

—Ho! pourquoi les grelots d'un maudit muletier

Sonnèrent-ils alors , dans le voisin sentier ?....

— Ho ! pourquoi, tout auprès du couple qui s'effare ,

Passa-t-il une chasse entonnant sa fanfare ?...

1831.

TABLE.

TABLE.

———

POUR PARAÎTRE DANS LE COURANT DE L'ANNÉE PROCHAINE :

ENTRE CHIEN ET LOUP, Roman, par Philothée O'NEDDY, 1 vol. in-8o.
LA LAME ET LE FOURREAU, Poème romanesque, par le même, 1 vol. in-8o.

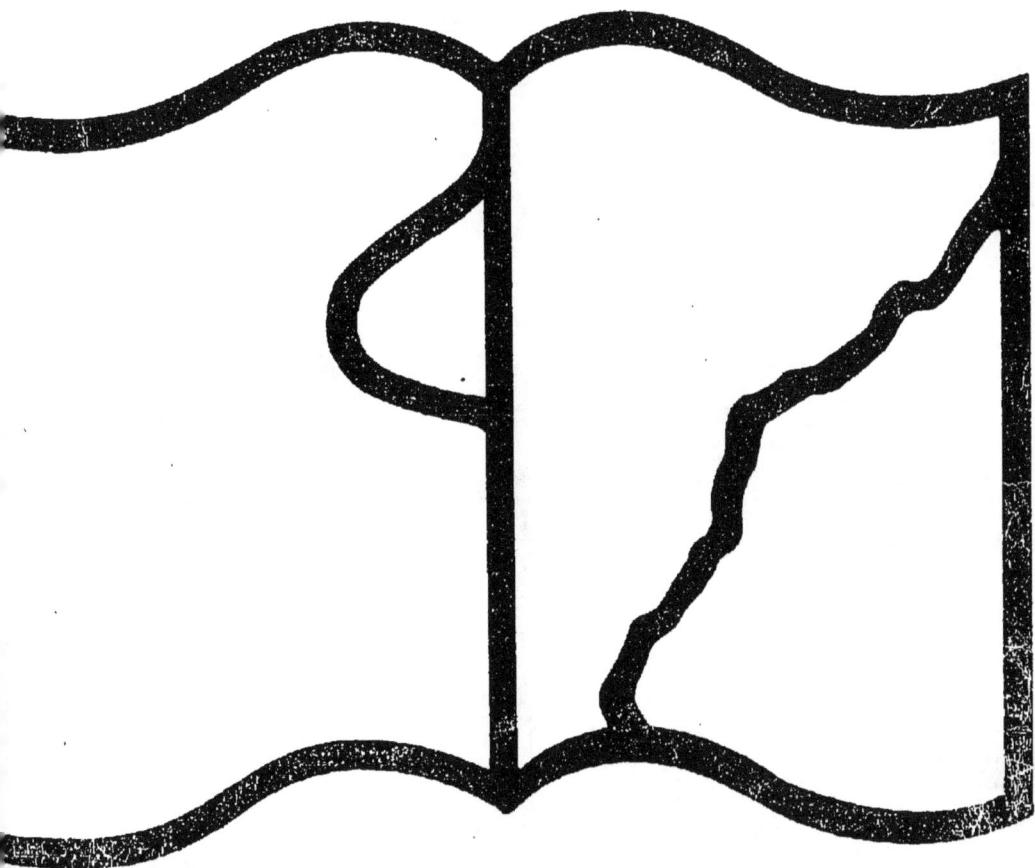

Texte détérioré — reliure défectueuse

NF Z 43-120-11

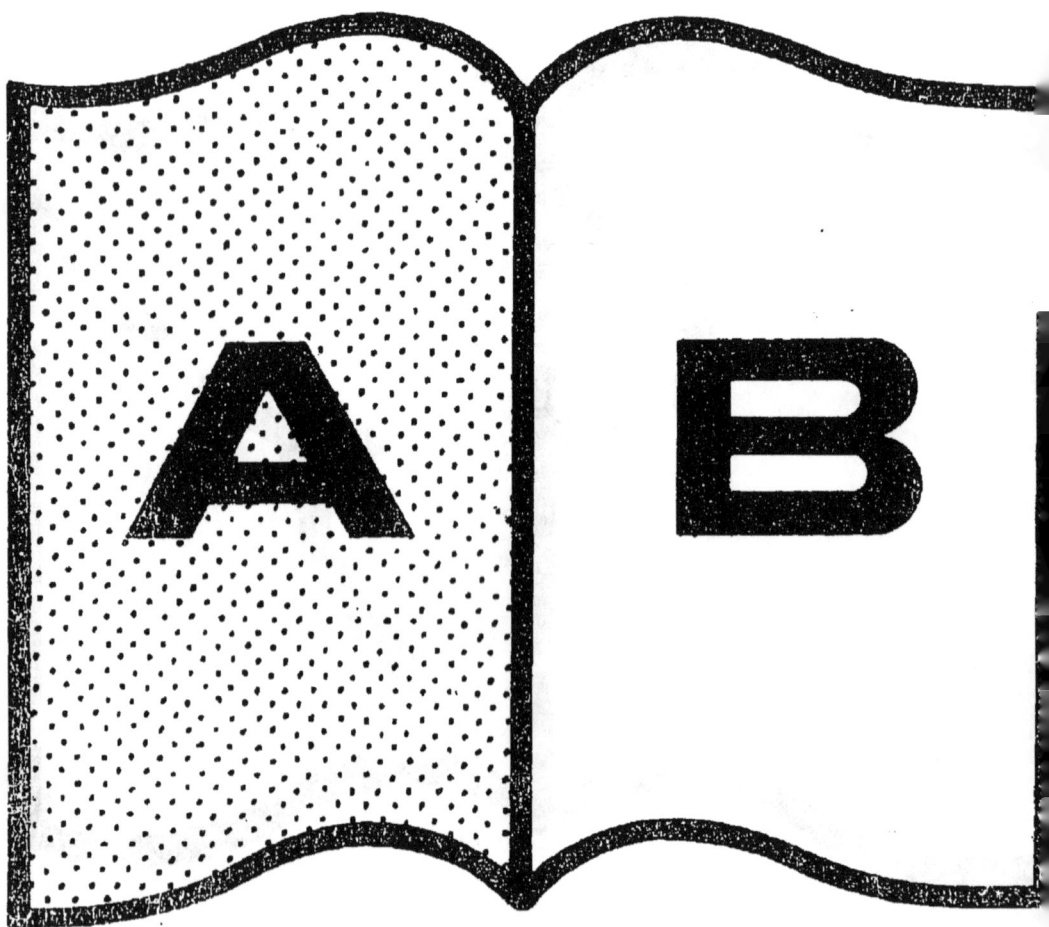

Contraste insuffisant

NF Z 43-120-14